NOW UNITED

EXCLUSIVO PARA FÃS

Now United [Exclusivo para Fãs]

© 2020 by Book One

Preparação: **Tássia Carvalho**
Revisão: **Guilherme Summa e Tainá Fabrin**
Arte: **Francine C. Silva**
Capa, projeto gráfico e diagramação: **Renato Klisman / @rkeditorial**
Ilustrações dos integrantes: **Alberto Melo / @andrartilustra**
Demais ilustrações: **Shutterstock**

Direitos da imagem do Theatro Municipal do Rio de Janeiro:
https://commons.wikimedia.org/wiki/File:Interior_do_Theatro_Municipal.jpg

2ª reimpressão

Dados Internacionais de Catalogação na Publicação (CIP)
Angélica Ilacqua CRB-8/7057

N859
    Now United : exclusivo para fãs / Equipe Book One. – São Paulo: Book One, 2020.
    96 p.: il.; color
    ISBN 978-65-88513-02-6
    1. Música popular 2. Now United (Conjunto musical) I. Equipe Book One

20-3706   CDD 782.42164

LIVRO NÃO OFICIAL

NOW UNITED

EXCLUSIVO PARA FÃS

São Paulo
2021

BOOK ONE

SUMÁRIO

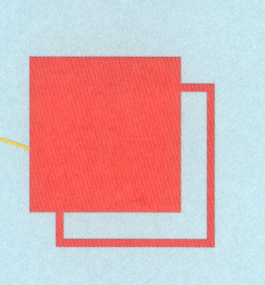

SONHOS SE TORNAM
REALIDADE
(introdução)

Qual é o segredo do sucesso? Muitos querem descobrir, mas poucos o alcançam. Você sabe o motivo? Um desses segredos é a união. Isso mesmo! Ao unir, você cresce. Ao unir, você soma. Ao unir, você faz acontecer. Mesmo com pouco tempo de existência, o Now United faz sucesso. O motivo? A união.

O grupo, vislumbrado pelo produtor musical Simon Fuller, diz muito sobre união. Para começar, é a união dos povos, pois Simon fez questão que diversos países fossem representados nele. Assim, com exceção da Antártida, todos os continentes do planeta enviaram representantes para o grupo musical. Dessa forma, o Now United representa a união de várias partes do mundo em prol das artes.

Representa a união do talento. Os dezesseis integrantes do grupo possuem histórias de vida diferentes, nasceram em países diferentes, cresceram em sociedades diferentes, mas possuem dois pontos em comum: talento e o sonho de se tornarem grandes artistas.

Uma vez juntos, Diarra, Lamar, Sabina, Shivani, Sofya, Any, Noah, Josh, Krystian, Bailey, Hina, Heyoon, Sina, Joalin, Savannah e Nour se tornam um durante os clipes, as apresentações e os shows. Juntos, integram corpos e almas para criar a música de que os fãs tanto gostam.

Eles seriam populares sozinhos? Sim, pois são jovens talentosos. No entanto, ao se unirem no Now United, transformaram os sonhos em realidade. Juntos. Agora.

Vamos viajar com essas dezesseis estrelas, saber de onde vieram, o que cantam e conhecer algumas de suas curiosidades.

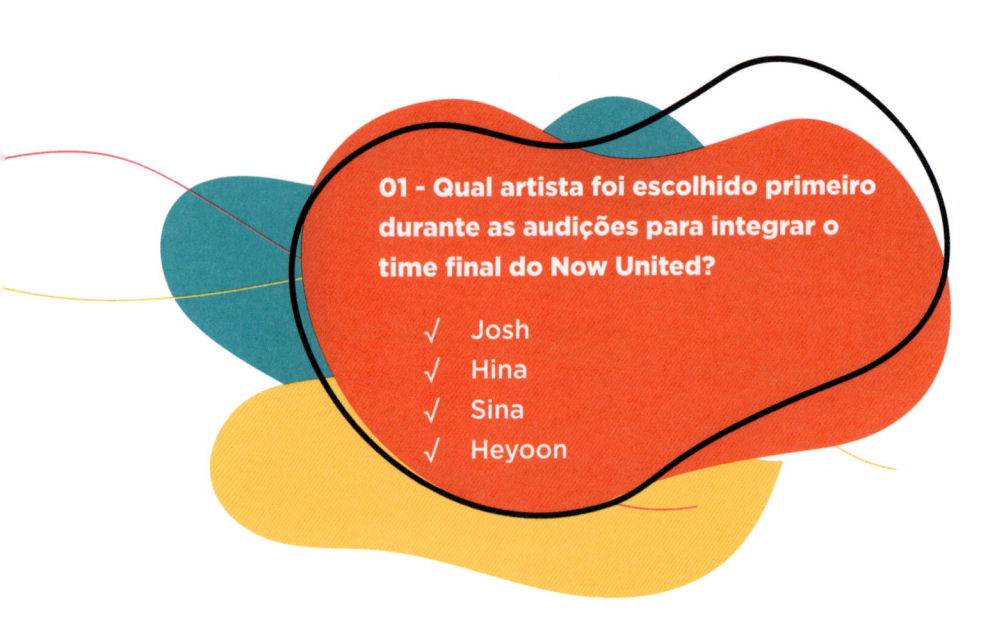

01 - Qual artista foi escolhido primeiro durante as audições para integrar o time final do Now United?

√ Josh
√ Hina
√ Sina
√ Heyoon

VOCÊS E EU

(o conjunto)

○ Now United é um grupo musical pop formado em 2017 por integrantes de vários países. Do Senegal, veio Diarra Sylla. O Reino Unido nos presenteou com Lamar Morris. Sabina Hidalgo é mexicana, Shivani Paliwal, indiana e Sofya Plotnikova, russa.

Any Gabrielly é brasileira com muito orgulho, Noah Urrea representa os Estados Unidos, e Josh Beauchamp vem do Canadá. Do Oriente, vem o grupo formado por Krystian Wang (China), Bailey May (Filipinas), Hina Yoshihara (Japão) e Heyoon Jeong (Coreia do Sul). Para fechar o grupo, temos Sina Deinert (Alemanha), Joalin Loukamaa (Finlândia), Savannah Clarke (Austrália) e Nour Ardakani (Líbano).

Tudo começou com o produtor musical Simon Fuller, responsável por reality shows musicais, como *Idols* e *American Idols*, e representante de celebridades como Spice Girls e Steven Tyler, do Aerosmith.

Simon imaginou um grupo musical que representasse o máximo de povos possíveis. Segundo Fuller, para fazer parte do Now United era necessário espírito forte, dança e canto. Assim, os artistas deveriam cantar e realizar coreografias espetaculares, pois, para Simon, a dança e o canto são capazes de unir as nações. Assim, nasceu o projeto "Now United".

O primeiro passo foi analisar o material dos candidatos e viajar para várias partes do globo em busca de jovens talentos. Essa análise também ocorreu nas redes sociais, como Instagram, Facebook e YouTube, por isso elas são tão especiais para o Now United.

Após a escolha de um grupo de 34 candidatos, começou, em Los Angeles, Estados Unidos, um processo de seleção muito concorrido e comandado pelo Simon Fuller. Inicialmente, seriam 11 integrantes, mas, ao longo das etapas, o número subiu para 14.

Além de aulas de dança e canto, todos os dias os participantes eram separados em dois grupos para as sessões e os testes.

No penúltimo dia, surgiu um problema: Fuller queria artistas de diversas partes do mundo e havia dois representantes dos Estados Unidos (Noah e Josh) e duas do México (Joalin e Sabina). No entanto, no fim tudo acabou se resolvendo, pois Joalin é da Finlândia, com naturalização mexicana, e Josh possui nacionalidade tanto do Canadá como dos Estados Unidos.

Aos poucos, os integrantes foram apresentados para um público ansioso por conhecer seus novos ídolos: em 11 de novembro de 2017, os primeiros nomes revelados foram de Joalin Loukamaa e Sofya Plotnikova. Em 12 de novembro do mesmo ano, foi a vez de Diarra Sylla. No dia seguinte, Noah Urrea e Hina Yoshihara passaram a integrar o Now United.

Em 14 de novembro de 2017, a brasileira Any Gabrielly foi anunciada. No dia 15, foi a vez de Heyoon Jeong, Shivani Paliwal,

Josh Beauchamp e Lamar Morris. Um dia depois, os responsáveis pelo grupo revelaram Bailey May e Krystian Wang. Para fechar, Sabina Hidalgo foi anunciada em 21 de novembro e Sina Deinert, no dia 22.

Em 5 de dezembro de 2017, ocorreu a primeira aparição como grupo, cujo primeiro sucesso, "Summer In The City", lançado em uma transmissão mundial chamada Al Gore's 24 Hours of Reality, um evento de conscientização sobre a proteção do clima, é uma versão de uma canção sueca da década de 1990 chamada "Sommaren I City", do grupo Angel.

02 - Quem é o criador do grupo Now United?

√ Madonna
√ Simon Fuller
√ Lady Gaga
√ Elton John

VEM JUNTO
(turnês)

Se a ideia é representar o mundo todo, o Now United precisa ir aonde os fãs estão. O grupo já esteve nos quatro cantos da Terra para levar a sua mensagem a diferentes povos e vários países. Assim, iniciaram-se as grandes turnês mundiais do Now United:

- Promo World Tour (2018)

Em 14 de abril de 2018, o clipe final de "Summer In The City" foi lançado, apresentando imagens incríveis dos 14 países dos integrantes originais. No mesmo mês, o Now United iniciou oficialmente a turnê "Promocional World Tour" e se apresentou no programa *The Voice Kids Russia*.

Em 1º de maio do mesmo ano, o grupo, em parceria com os artistas RedOne e Adelina, lançou a música "One World", uma das canções oficiais da Copa do Mundo da FIFA de 2018, na Rússia!

Em seguida, começou uma grande empreitada pelo mundo para gravar os clipes: "What Are We Waiting For", na Coreia do Sul; "Who Would Think That Love?", no México; e "All Day", nos Estados Unidos. Por fim, em dezembro de 2018, "How We Do It" foi gravado na Índia.

Em dezembro de 2018, em meio a tantos shows e viagens, foi lançado o *Now United: Sonhos se tornam realidade – O Documentário*, uma reunião de gravações e depoimentos dos integrantes sobre a formação do grupo, disponível no YouTube.

Em janeiro de 2019, foi lançada a música "Beautiful Life", cuja gravação aconteceu em uma região montanhosa de Shillong, Índia. Em março e abril daquele ano, foi a vez de as canções "Afraid Of Letting Go" e "Sundin Ang Puso" ganharem um clipe, ambos gravados em Manila.

O Now United se apresentou nas Olimpíadas Especiais de 2019, nos Emirados Árabes Unidos, seguindo, após o evento, para o Brasil, onde ficaram por uma semana e gravaram o clipe para a canção "Paraná", em São Paulo.

A turnê seguiu para a Espanha, onde o grupo se apresentou na final da Champions League, principal torneio de clubes de futebol da Europa, no Estádio Metropolitano de Madrid, na capital espanhola.

O Promo World Tour terminou nos Estados Unidos nos meses de agosto e setembro de 2019, no estado da Califórnia, com a gravação dos clipes de "Sunday Morning" e "You Give Me Something" e, em Las Vegas, Nevada, do clipe de "Crazy Stupid Silly Love".

- World Tour (2019)

A segunda turnê do Now United foi promovida pela Pepsi e pelo YouTube em unidades do YouTube Space, ambientes voltados para a gravação e a profissionalização de conteúdo produzido por usuários do YouTube, em diversas partes do globo. Foram sete países visitados: França, Inglaterra, Emirados Árabes Unidos, Índia, Japão, Brasil e Estados Unidos. O grupo aproveitou para gravar o clipe "Legends", lançado em 14 de novembro. A turnê se encerrou em 25 de outubro de 2019.

- Dreams Come True Tour (2019)

Com o sucesso do Now United no Brasil, o grupo realizou uma turnê especial em nosso país. O Dreams Come True Tour, iniciado em 17 de novembro de 2019, contou com apresentações em São Paulo, Rio de Janeiro, Belo Horizonte e Curitiba. No Rio de Janeiro, o Now United gravou, no Teatro Municipal, o clipe de "Na Na Na", lançado em 15 de dezembro.

- Come Together Tour (2020)

O início de 2020 foi especial para o Now United, pois o grupo recebeu a nova integrante australiana Savannah Clarke, escolhida após uma votação realizada com os fãs em fevereiro. Depois do lançamento do clipe de "Come Together", em março, o conjunto anunciou que iniciaria a turnê Come Together.

No entanto, a pandemia do novo coronavírus (Covid-19) afetou os planos do grupo, paralisando boa parte do mundo e colocando os países em quarentena. O Now United, porém, não parou: em 3 de abril, foi lançado o single "Wake Up", em cujo clipe (de 9 de abril) podemos ver a infância e a adolescência de Noah.

No mesmo dia, o grupo lançou o clipe de "Hoops", mas teve de ser retirado das redes sociais por exibir trechos do Alcorão, livro sagrado do Islã. Durante a quarentena, o Now United lançou os clipes "By My Side" (21 de abril), "Better" (30 de abril), "Dana Dana" (11 de maio) e "Let The Music Move You" (29 de maio).

Em 23 de junho, foi lançada a canção "Stand Together", gravada em 2018, a qual apoiava o movimento Black Lives Matter e o combate à Covid-19. O grupo seguiu lançando mais singles: "Show You How To Love", em 30 de julho; "Nobody Fools Me Twice", em 8 de agosto; "Feel It Now", em 21 de agosto; "The Weekend's Here", em 18 de setembro; "Somebody", em 30 de setembro; "Paradise", em 6 de outubro; "Chained Up", em 7 de outubro; "Habibi", em 19 de outubro; "Golden", em 28 de outubro e "One Love" em 6 de novembro.

03 - Quem é o integrante mais jovem do Now United?

√ Sofya
√ Shivani
√ Sabina
√ Savannah

NA NA NA

(história do pop)

Now United é um legítimo representante do pop, então não poderíamos deixar de fora um pouco da história desse gênero musical tão querido. O pop, um estilo de música contemporâneo, também chamado de "música popular", é um gênero bastante eclético, que assimila características de outros gêneros e segue uma estrutura bem definida: verso e repetição do refrão e batida.

Como uma versão mais leve do rock'n'roll, as letras de música do pop trabalham com temas universais para abranger o maior número de pessoas e públicos, principalmente os mais jovens. Assim, possuem melodia simples e memoráveis, enfatizando o ritmo e a repetição.

A essência dançante do pop ocidental pode remeter ao ragtime, gênero musical norte-americano popular nas comunidades afro-americanas, cujo pico de popularidade ocorreu entre os anos 1897 e 1918. Voltado para a dança, o ragtime se transformou no swing, a base para o jazz, que também destaca a dança e o ritmo intenso.

O pop, como conhecemos hoje, se estabeleceu nos anos 1950 nos Estados Unidos e na Inglaterra. Inspirado em jazz, soul e country, contou com nomes importantes em sua primeira década de sucesso, como Elvis Presley (no futuro, seria consagrado como o "Rei do Rock"), Frank Sinatra e The Platters, além de Tommy Steele, Marty Wilde, Bing Crosby, Dean Martin, Bobby Darin, Bobbejaan Schoepen e Peggy Lee.

Os anos 1960 trouxeram ídolos adolescentes como Neil Diamond, Bob Dylan, Rita Pavone, Aretha Franklin, além dos Beatles, grupo considerado pop em seus primeiros discos. Destacam-se também nessa década The Beach Boys, Cliff Richard, Sandy Shaw, The Who, Bee Gees, entre outros.

A década de 1970 tece uma explosão de novos artistas de muito talento para a música pop, entre eles ABBA, Rod Stewart, Elton John, The Carpenters, Donna Summer e Billy Joel.

Com os anos 1980, vieram os maiores nomes do gênero de todos os tempos: Madonna e Michael Jackson, considerado o "Rei do Pop". Essa época contou com Gloria Estefan, Kylie Minogue, Janet Jackson, Duran Duran, The Go-Go's, Tears for Fears, Cyndi Lauper, Talking Heads, George Michael, Menudo e Roxette.

A década de 1990 trouxe as boy bands e girl bands, como Backstreet Boys, 'N Sync e Spice Girls, uma tendência que continua até hoje. Os anos 2000 consagraram musas teen como Britney Spears, Beyoncé, Avril Lavigne, Miley Cirus, Christina Aguilera, Shakira e Rihanna.

Por fim, dos anos 2010 em diante, surgiram Lady Gaga, Justin Bieber, Ariana Grande, Taylor Swift, Selena Gomez, Jonas Brothers, Ed Sheeran, Maroon 5 e Bruno Mars. A América Latina teve o RBD e, do Oriente, veio o fenômeno do K-pop, que domina o atual cenário do pop a partir da Coreia do Sul.

LENDAS

(formação)

Ao imaginar o **Now United,** Simon Fuller queria representar o mundo, com seus credos, sonhos, tradições e o amor pela música em um grupo musical que encantasse a tudo e a todos. Ele fez suas escolhas, e 16 estrelas se uniram em uma constelação repleta de brilho e talento.

Vamos conhecer um pouco mais dos integrantes do Now United: de onde vieram, seus sonhos e medos, dons e tudo mais que os torna especiais.

01 DIARRA SYLLA

Nome completo:
De-arra Sylla Diongue

Data de nascimento:
30/01/2001

Signo: Aquário

Representa: Senegal

SENEGAL

Capital: Dacar

Língua oficial: Francês

Comidas típicas: Thiebou-dienne (arroz com peixe), Maafe (frango cozido com azeite, polpa de tomate e pimenta), Thiacry (cuscuz, canela, limão e creme de leite).

O Senegal, um país situado na costa oeste do continente africano, é habitado por humanos desde a pré-história, e serve de lar para diversas espécies como macacos, panteras, javalis, elefantes, hipopótamos, antílopes, leões e leopardos.

O país sofreu com a escravidão e dominação francesa, e uma das heranças da colonização é notada na língua oficial, o francês (além de idiomas locais). O Senegal se tornou independente em 1960, e hoje tem como principais atividades econômicas a agricultura e o turismo.

Thieboudierre

Diarra Sylla representa a força e a tradição do Senegal, mas nossa primeira integrante não nasceu lá, e sim em Paris, na França. Sua família se mudou para Dacar e adotou do fundo do coração a capital senegalesa como lar.

Diarra sempre quis ser cantora, mas a mãe queria que a filha se tornasse alguém importante do Senegal e tornasse o país melhor no papel de presidenta ou juíza. Entretanto, Diarra queria mesmo era cantar e, aos 6 anos, realizou sua primeira apresentação. Quando a mãe a viu cantar, não resistiu ao talento da menininha.

Até os 8 anos, Diarra viveu com a prima, pois a mãe precisava viajar muito por causa do emprego, e o pai, que ela viu pouquíssimas vezes durante vida, não fez parte de sua trajetória. Hoje, Diarra nem sequer sabe onde ele está.

Para sorte da jovem, uma irmã dela viu o concurso para escolha dos integrantes do Now United e ajudou Diarra a se inscrever. Em Los Angeles, durante sua primeira apresentação no concurso, cantou "Listen", da Beyoncé, uma de suas cantoras favoritas.

Diarra deixou o grupo, pois pretende seguir carreira solo, mas avisou os fãs que sempre será uma Now United.

CURIOSIDADES

- Foi campeã de um dos principais concursos de canto da África em 2016, o Sen Petit Galle.

- Gosta de postar seus looks no Instagram.

- Curte bastante o funk brasileiro.

04 - Qual das músicas do Now United teve seu clipe gravado no Rio de Janeiro?

√ Dana Dana
√ Paraná
√ Na Na Na
√ Habibi

02 LAMAR MORRIS

Nome completo:
Lamar Morris

Data de nascimento:
01/12/1999

Signo: Sagitário

Representa: Inglaterra

INGLATERRA

Capital: Londres

Língua oficial: Inglês

Comidas típicas: Fish and Chips (peixes com batatas fritas), Yorkshire Pudding (bolinho feito com ovos, trigo e leite), Pie and Mash (torta de carne com purê de batata e molho de salsinha), Lancashire Hotpot (carne de cordeiro cozido com vegetais e batata) e Bife Wellington (carne assada envolvida por massa folhada).

"Deus salve a Rainha!" É da terra de Sua Majestade que vem Lamar. Com uma história muito rica, a Inglaterra, um país da Europa localizado na ilha da Grã-Bretanha, é formada por muitas cadeias de montanhas. Com clima nublado em boa parte do ano, possui florestas e pastos em abundância. Seus primeiros habitantes foram os celtas, mas recebeu bastante influência de invasões vikings e alemãs.

Ao longo dos anos, com as Grandes Navegações, tornou-se um império vasto. Na época em que a Rainha Vitória era a governante, dizia-se que o sol não se punha no império, já que havia muitos países conquistados, como Austrália, Jamaica e Índia.

Fish and Chips

A Inglaterra é um país famoso por sua produção artística, que conta com nomes como John Milton, William Shakespeare, Charles Dickens e J. K. Rowling, na literatura; e Beatles e Rolling Stones, na música. Além disso, possui diversas universidades importantes, como Oxford.

É da terra dos Beatles e da Rainha que veio o talento de Lamar Morris. Nascido na sempre chuvosa Londres, Lamar não deixou que o clima o abalasse. Hoje, ele é um artista completo, que gosta de dançar e cantar, além de atuar.

Desde cedo, participou de peças teatrais tanto na escola quanto na igreja que frequentava. Como ator, fez parte de algumas séries, entre elas, *The Hour*.

Vencer neste mundo é complicado, e Lamar disse que chegou a pensar em desistir, porém, lutou muito por seus sonhos, e isso resultou em sua presença no grupo.

CURIOSIDADES

- Já compôs uma canção chamada "Baby You're Like a Flu".
- Participou de um curta-metragem chamado *Ruined: Deal With It Like a Man* (2018).
- É fã de Michael Jackson, Stevie Wonder e Earth, Wind & Fire.

03 SABINA HIDALGO

Nome completo:
Maria Sabina Hidalgo Paño

Data de nascimento:
20/09/1999

Signo: Virgem

Representa: México

MÉXICO

Capital: Cidade do México

Língua oficial: Espanhol

Comidas típicas:

Guacamole (pasta feita com abacate, pimenta, cebola, tomate e temperos), Chilli com Carne (carne moída, feijão e molho de tomate com pimenta), Tortillas (pães em formato de disco com recheio), Burritos (massas recheadas com carne, queijo, tomate, feijão e chilli).

Burrito

O país latino-americano dos artistas mariachis localiza-se na América do Norte e possui 31 estados. Em 1519, foi colonizado pelos espanhóis, mas já possuía uma civilização bastante avançada para a época, os Astecas. A civilização asteca dominou a região por mais de 200 anos e foi responsável por grandes obras no México, mas a chegada dos europeus marcou seu fim.

Em 15 de setembro de 1810, o país se tornou independente, mas, ao longo do tempo, perdeu parte de seu território para os Estados Unidos. O México é rico em recursos minerais (o maior produtor de prata do globo), incluindo petróleo.

Além disso, é um país de população alegre, que gosta de festas e tem orgulho de sua comida. Os mariachis são artistas famosos em todo o mundo, assim como a culinária mexicana.

Sabina nasceu em Guadalajara e é uma legítima representante do alegre povo do México. O Teatro é muito importante em sua vida, pois, no período da escola, sofreu bullying e, para se tornar mais extrovertida, passou a fazer peças de teatro ainda pequena – e adorou. Nos palcos, além de interpretar, encontrou a sua maior paixão: a dança.

Como os outros membros do Now United, Sabina descobriu que tem vários dons. Além de atuar e dançar, resolveu seguir a carreira de cantora após ouvir a canção "Gasolina", de Daddy Yankee. Com tantos talentos e paixões, não é à toa que foi escolhida para o Now United.

CURIOSIDADES

- Seu nome é uma homenagem a uma curandeira de seu país, María Sabina.

- Seu gênero musical favorito é reggaeton.

- Não curte muito água, prefere bebidas com sabor.

05 - Qual é o integrante mais velho do grupo?

- √ Sina
- √ Lamar
- √ Krystian
- √ Heyoon

04 SHIVANI PALIWAL

Nome completo:
Shivani Paliwal

Data de nascimento:
13/03/2002

Signo: Peixes

Representa: Índia

ÍNDIA

Capital: Nova Déli

Língua oficial: Hindi, inglês e mais 21 línguas nacionais

Comidas típicas: Samosa (espécie de "pastel" com legumes), Frango Tikka Masala (frango marinado em iogurte caseiro), Palak Paneer (creme de espinafre com ricota).

A Índia é um país da Ásia repleto de sabores e cores. Abriga a segunda maior população da Terra e possui seguidores de diversas religiões, como Hinduísmo, Islamismo, Cristianismo e Budismo. Bastante extenso, possui diversos tipos de paisagens e climas, com muito calor no verão e baixas temperaturas no inverno. Lá, é possível visitar florestas tropicais ou subir em montanhas bem altas no Himalaia.

Registros históricos apontam que já havia humanos na região há mais de 30 mil anos, e, embora sua civilização tenha prosperado, sofreu com invasões estrangeiras. Ao longo do tempo, tornou-se importante para o comércio mundial, mas teve que se submeter ao controle inglês. Graças a Mahatma Gandhi e

Frango Tikka Masala

outros líderes, conseguiu novamente a independência em 1947.

Na cultura, possui diversos festivais culturais, como o Holi (festival das cores) e o Diwali (festival das luzes). Na Índia, encontramos também Bollywood, um polo cinematográfico que gera milhares de produções anualmente. Além disso, o país é famoso pelo mausoléu de Taj Mahal e pelo templo Virupaksha.

A colorida e vibrante Índia nos deu Shivani Paliwal, nascida na cidade de Udaipur. Quem escolheu seu nome foi o avô, em homenagem a Shiva – um dos deuses mais importantes do hinduísmo –, pois Shivani nasceu perto do Maha Shivaratri, importante festival indiano e nepalês, celebrado todos os anos no mês de Maagha, em homenagem ao deus Shiva.

Desde pequena, Paliwal sempre gostou de assistir à TV e dançar. A menina costumava ver tantos shows de dança que começou a se apresentar. A família sempre a apoiou na dança, e ela venceu muitos concursos de talentos no país. Seu enorme talento a levou até o Now United.

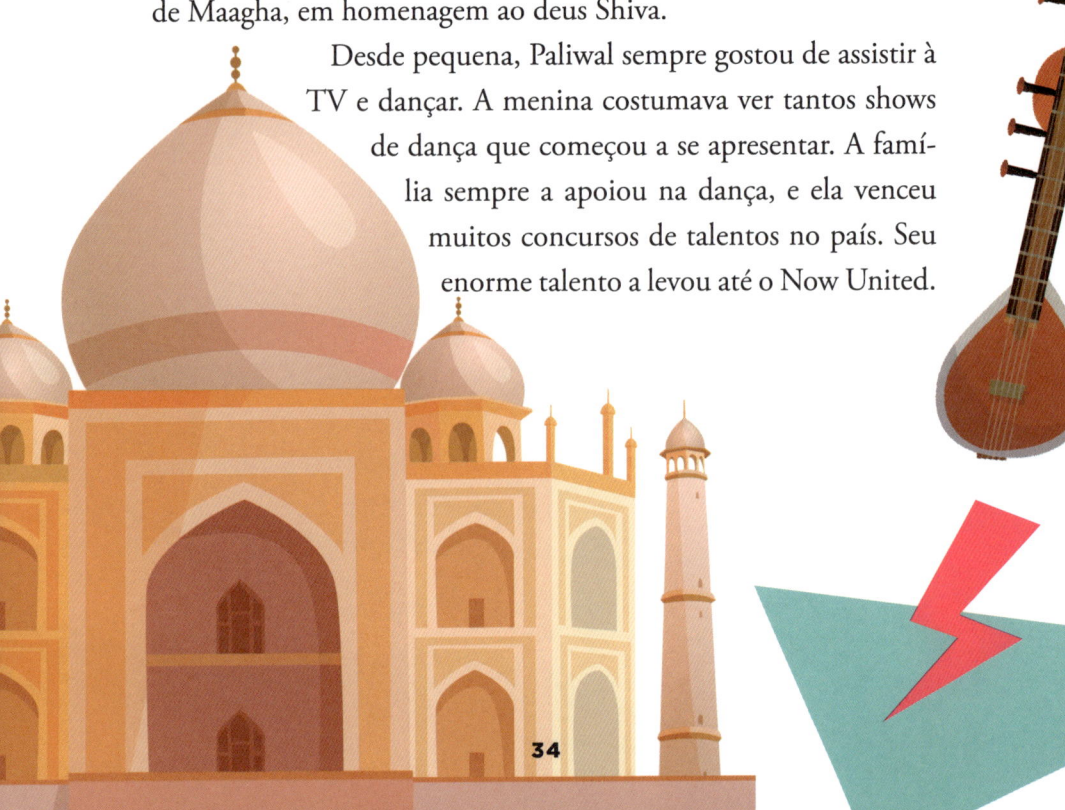

CURIOSIDADES

- Gosta muito de sorvete e bolo de chocolate, além de brigadeiro.

- Fez uma participação no filme *Amor nos Dias de Hoje* (2020).

- Fã número 1 da atriz indiana Madhuri Dixit.

06 - Quais os esportes preferidos da Shivani?

√ Badminton e vôlei
√ Basquete e futebol
√ Esgrima e boxe
√ Esgrima e remo

05 SOFYA PLOTNIKOVA

Nome completo:
Sofya Plotnikova

Data de nascimento:
23/10/2002

Signo: Escorpião

Representa: Rússia

RÚSSIA

Capital: Moscou

Língua oficial: Russo

Comidas típicas: Frango à Kiev (frango desossado e recheado com ervas, presunto e queijo), Borscht (sopa de beterraba e tomate), Blini (panqueca), Solyanka (sopa de peixe com pepinos, azeitona, batata, creme de leite e repolho) e salada russa (batatas, ervilhas, picles, cebolas, cenouras e maionese).

Borscht

Maior país do mundo em tamanho (possui 11 fusos horários), a Rússia faz parte de dois continentes: Ásia e Europa. Pelo tamanho, possui muita diversidade geográfica: grandes cidades a oeste, o frio polar ao norte, a tundra em grande parte do centro e grandes montanhas ao sul. Boa parte da população está a oeste.

A economia do país é bastante diversificada, sendo forte tanto na agricultura quanto na indústria, além de possuir grande poderio militar.

A população russa se estabeleceu no século IV, com a chegada dos eslavos. Os vikings também se estabeleceram a oeste da Rússia, assim como os mongóis, que dominaram parte de seu território. No século XVI, com a derrota dos estrangeiros por Ivan, o Grande, iniciou-se a era dos czares, que permaneceu até o século XX, com a Revolução Russa.

Após a Segunda Guerra, época em que foi decisiva para derrotar a Alemanha de Hitler, a União Soviética (como ficou conhecida na época) tornou-se uma grande potência e passou a rivalizar com os Estados Unidos na chamada "Guerra Fria". Entre as décadas de 1980 e 1990, perdeu força e voltou a ser a Rússia, um país mais aberto ao mundo.

Da cidade de Moscou, na Rússia, vem a bela e talentosa Sofya Plotnikova. De uma família de três irmãos, Sofya sempre gostou de dançar. Estudou balé, mesmo não tendo muito incentivo dos professores, e sofreu bastante, mas diz que a experiência a tornou mais forte. Ao entrar no Now United, realizou o sonho de dançar nos Estados Unidos. É uma das mais divertidas e brincalhonas do grupo.

CURIOSIDADES

- No alfabeto cirílico, seu nome é escrito desta maneira: Софья Плотникова

- Até a entrada de Savannah, era a mais jovem do Now United.

- Gosta de compartilhar coreografias novas no Instagram.

06 ANY GABRIELLY

Nome completo:
Any Gabrielly Rolim Soares

Data de nascimento:
09/10/2002

Signo: Libra

Representa: Brasil

BRASIL

Capital: Brasília

Língua oficial: Português

Comidas típicas: Feijoada, Baião de dois, Acarajé, Moqueca, Polenta, Churrasco e Vatapá.

A representante do Brasil não poderia ser um exemplo mais perfeito do que temos de melhor no país. Any Gabrielly é uma jovem cheia de vida, beleza e talento, assim como sua terra natal. Localizado na América do Sul, o Brasil possui lindas praias, a importante Floresta Amazônica e outros exemplos de biomas cheios de animais.

Povoado por índios até 1500, foi colonizado pelos portugueses, que exploraram as riquezas do país. O Brasil deixou de ser colônia em 1822, quando Dom Pedro I decretou a nossa independência. Em 1889, após tirar Dom Pedro II do poder, os militares decretaram a República. Desde então, o Brasil tem sido uma Democracia, com momentos difíceis como a Ditadura Militar, que durou de 1964 a 1985.

Na economia, o país é um forte produtor de alimentos e muito rico em recursos naturais. Possui indústria mediana, mas é um

Acarajé

dos pontos mais visitados do mundo, com um turismo bastante movimentado.

O Brasil é a terra de figuras e eventos culturais de grande importância. Lar do samba, do futebol e da bossa nova. Suas diversas festas alegram o povo ao longo do ano, incluindo o Carnaval, as festas juninas e o fim de ano.

Um grupo tão especial e talentoso como o Now United não seria completo sem um representante do Brasil – e Simon Fuller mandou bem demais. Nossa diva nasceu em Guarulhos, São Paulo, e sempre gostou de se apresentar em público. Any Gabrielly começou a cantar aos 6 anos com a ajuda de sua tia Laura.

Além do Now United, Any tem uma carreira muito rica, repleta de momentos maravilhosos. Realizou dois trabalhos importantes relacionados à Disney – interpretou a leoa Nala no musical *O Rei Leão* (graças a esse trabalho, pôde dar uma condição de vida melhor à família) e dublou a protagonista da animação *Moana* – e hoje nos enche de orgulho com sua participação no Now United.

CURIOSIDADES

- Atuou na série *Buuu – Um Chamado para a Aventura*, de 2015.
- Gosta de pizza com abacaxi.
- Gosta de estudar Matemática e Biologia.

07 - Qual é a música preferida da Any?

- √ Afraid of Letting Go
- √ Legends
- √ Summer In The City
- √ Dana Dana

07 NOAH URREA

Nome completo: Noah Jacob Urrea

Data de nascimento: 31/03/2001

Signo: Áries

Representa: Estados Unidos

ESTADOS UNIDOS

Capital: Washington, D. C.

Língua oficial: Inglês

Comidas típicas:

Panquecas, torta de maçã, cachorro-quente, hambúrguer, peru assado, Clam Chowder (sopa com mariscos, carne de porco, alho, cebola e batata).

Há algumas décadas, os Estados Unidos são um dos países mais importantes em diversos setores, como econômico, social e militar. Localizado na América do Norte, apresenta cadeias de montanhas a oeste, desertos no centro e clima mais temperado no lado leste.

Se índios dominavam o início de sua história, foi a chegada dos ingleses que mudou seu destino. A colonização do país da Rainha fez o país se desenvolver, e, com o tempo (e uma guerra), os norte-americanos conquistaram sua independência. Com a República, enfrentaram uma importante guerra civil que dividiu o país. Com a vitória dos estados do Norte, o país deu um salto evolutivo. Além disso, em razão de sua presença nas Grandes Guerras Mundiais, sem que seu

Hambúrguer

território fosse afetado, saiu vencedor e conseguiu lucrar bastante.

Pela importância do país, tornou-se um polo tecnológico e financeiro. É também uma potência nos esportes, na cultura e no turismo, pois várias de suas cidades e atrações naturais são destino para milhões de pessoas de todo o mundo. Por fim, é uma potência militar, e possui um exército poderoso e armas atômicas à disposição.

Vindo da cidade de Orange County, na Califórnia, o talentoso norte-americano Noah resolveu se tornar cantor aos 10 anos. Desde menino, gostava muito de música e de ir a shows. Ao ver a irmã interpretando uma peça de teatro, decidiu também ser ator. Participou do filme *O Natal de Madea* e da série *Os Fosters – Família Adotiva*.

CURIOSIDADES

- Gosta muito de beisebol e praia.
- Toca vários instrumentos: violão, bateria, baixo e piano.
- Gravou um álbum solo em 2017, chamado *Always*.

08 - Quais integrantes do Now United fazem aniversário no mesmo dia?

- ✓ Any e Savannah
- ✓ Josh e Noah
- ✓ Noah e Bailey
- ✓ Hina e Heyoon

08 KRYSTIAN WANG

Nome completo:
Wang Nanjun

Data de nascimento:
22/01/2000

Signo: Aquário

Representa: China

CHINA

Capital: Pequim

Língua oficial: Mandarim

Comidas típicas:

Yakisoba, Frango xadrez, Rolinhos-primavera, Chop Suey (pedaços de carne cozidos e salteados com legumes) e pato laqueado.

A emergente e milenar China é um dos países cuja importância no mundo só aumenta. Com a segunda maior economia e a maior população na atualidade, é dividida em 23 províncias, e foi sendo unificada ao longo do tempo. No passado, como cada região era considerada independente, a China sofreu com diversas invasões, principalmente de mongóis, ao longo de sua história. A famosa Muralha da China – com mais de 8 mil quilômetros de extensão – é um dos exemplos físicos das tentativas de se defender de estrangeiros. Após o surgimento de grandes lideranças na forma de imperadores, a China conseguiu se unificar.

Desde então, tem elevado sua participação no mundo, principalmente a partir de 1980. O país é considerado o maior polo industrial e de mão de obra do mundo, com tecnologia e indústrias para fabricar quase tudo de que o mundo precisa.

Por suas tradições, festas (Festival da Primavera, Ano Novo Lunar e Festival das Lanternas) e monumentos, a China é um país culturalmente rico, destacando-se também pela culinária, apreciada em todo o globo.

Para ser o representante do país mais populoso do mundo, é necessário muito talento, e isso Krystian Wang tem de sobra. Nascido em Pequim, Krystian é o filho único de uma família de artistas: seus pais são atores e, desde cedo, incentivaram o filho a ser um artista.

Krystian desenvolveu o desejo por cantar após ver um show quando criança. O jovem, que passou um tempo nos Estados Unidos para estudar, apareceu pela primeira vez na TV em um reality musical chinês, o *Super Boy*. Apesar do talento com a voz, participa mais do Now United como dançarino.

CURIOSIDADES

- Gosta de K-Pop e seu grupo favorito é o NCT. É fã também de Lana Del Rey.

- Gosta de se apresentar como King Krystian, ou, em português, o Rei Krystian.

- Sua bebida favorita é água de coco.

09 - Qual música da Billie Eilish é a favorita de Krystian?

✓ Bad Guy
✓ Bury a Friend
✓ Bellyache
✓ Bored

09 BAILEY MAY

Nome completo: Bailey Thomas Cabello May

Data de nascimento: 06/08/2002

Signo: Leão

Representa: Filipinas

FILIPINAS

Capital: Manila

Língua oficial: Filipino e inglês

Comidas típicas: Frango Sotanghon (sopa com frango, cogumelos shitake, cenouras, cebolas e macarrão), Paksiyo Baboy Bisaya (carne de porco cozida com molho de soja e bananas), Chicharon (espécie de torresmo) e Buko Pie (torta de coco).

A República das Filipinas é um país da Ásia cujos primeiros habitantes chegaram ao arquipélago há 30 mil anos. A partir do século IX, o país recebeu influência da China e dos árabes, que levaram o islamismo para a região. Em 1521, o explorador português Fernão de Magalhães chega àquelas terras e toma o local em nome da Espanha. Em 1896, com a Guerra Hispano-Americana, as Filipinas se declaram independentes, mas o fato só acontece em 1976, após a Segunda Guerra Mundial.

Frango Sotanghon

O país é composto de ilhas montanhosas, de clima quente, úmido, sendo bastante afetado por tufões. É formado por florestas e manguezais, e possui certa força na indústria, evidenciando-se como um ponto turístico popular.

Bailey May vem do sudeste asiático para encantar o mundo. Nascido em Cebu, faz parte de uma família de 20 pessoas. Os pais, ambos músicos, trabalham há muito tempo em bares e cruzeiros – e inclusive foi assim que se conheceram!

Quando ainda era jovem, sua família se mudou para a Inglaterra. Na terra de Lamar Morris, seu companheiro de Now United, Bailey tinha o sonho de ser jogador de futebol. Graças ao esporte, fez algumas amizades e aprendeu inglês.

Ao gravar o filho cantando "Beautiful Girls", de Sean Kingston, o pai de Bailey descobriu seu talento para a música. Assim, por incentivo do pai, o jovem gravou uma música e postou no YouTube. O sucesso em seu país natal foi tanto que a família voltou para as Filipinas. Lá, Bailey participou de vários programas de talentos na TV antes de fazer parte do Now United.

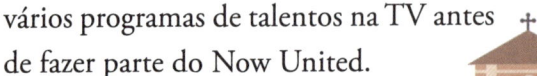

CURIOSIDADES

- Seu sonho era ser jogador profissional de futebol.

- É fã de Cristiano Ronaldo.

- Com apenas 12 anos, participou do *Pinoy Big Brother 2015*, uma versão do *Big Brother* filipino. Ficou em 4º lugar.

10 - Em que cidade da Índia foi gravado o clipe "Beautiful Life"?

✓ Nova Déli
✓ Shillong
✓ Bombaim
✓ Calcutá

10 HINA YOSHIHARA

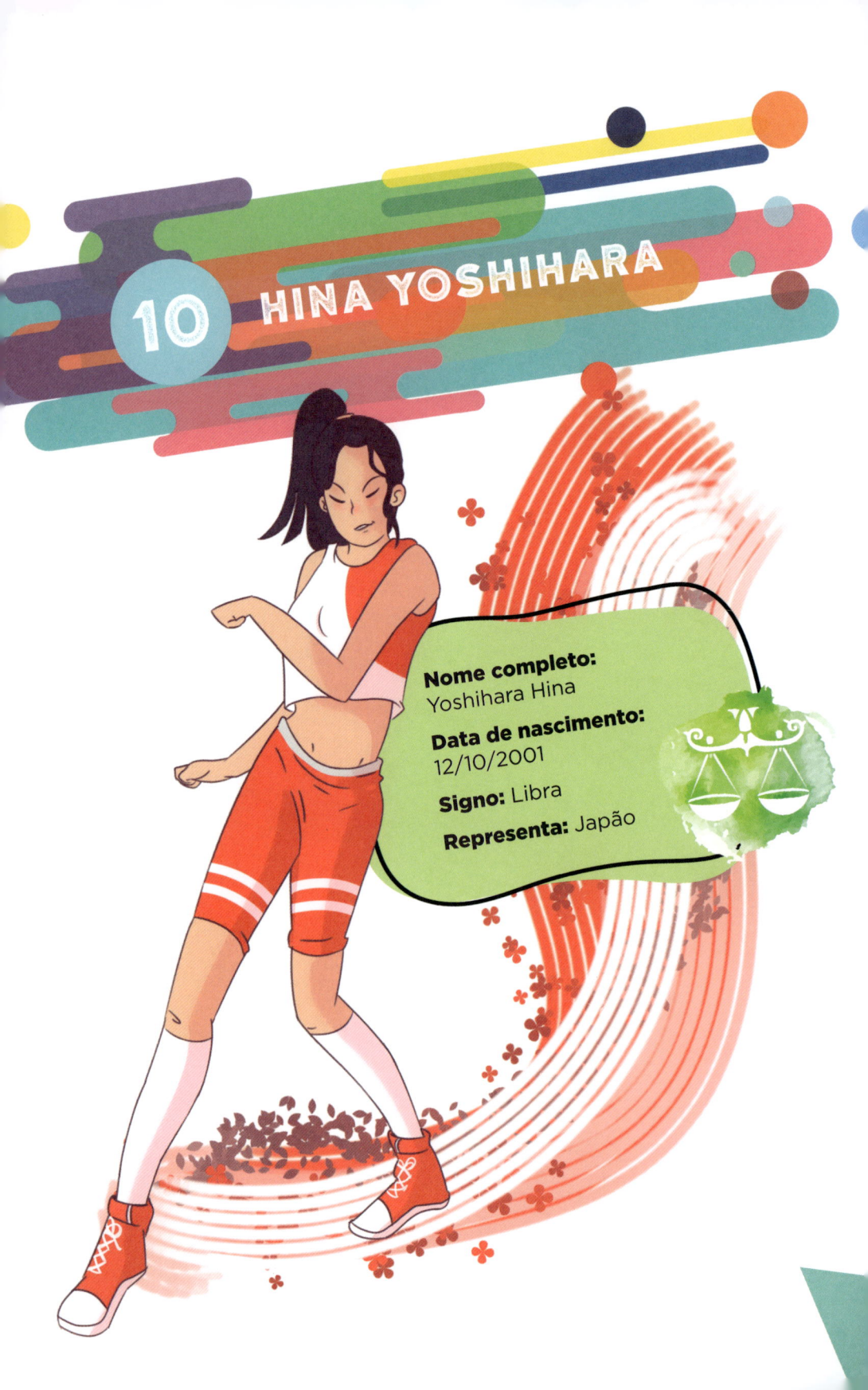

Nome completo:
Yoshihara Hina

Data de nascimento:
12/10/2001

Signo: Libra

Representa: Japão

JAPÃO

Capital: Tóquio
Língua oficial: Japonês
Comidas típicas:
Sushi (bolinho de arroz envolvido com alga), Gyudon (carne com cebola e arroz), Sukiyaki (carne bovina cozida na manteiga com cebola, macarrão e saquê), Sashimi (peixe cru com wasabi, alga e shoyu) e Tempurá (pedaços fritos de vegetais ou mariscos).

Sushi

O arquipélago japonês localiza-se na Ásia e é formado por mais de 3 mil ilhas, sendo as principais Honshu, Shikoku, Hokkaido e Kyushu. Por estar assentado sobre uma falha da crosta da Terra, é bastante afetado por terremotos. Vulcões e tufões também fazem parte dos eventos que afetam o país, composto de montanhas em boa parte de seu território.

Por não ser muito extenso e ter solo pobre para o cultivo de certas plantas, a economia do Japão é voltada para a indústria e a tecnologia. O turismo também é bastante importante no país.

A história japonesa começa no século III antes de Cristo, com o povoamento das ilhas.

O contato com os europeus ocorreu apenas no século XVI, inicialmente com portugueses. Até hoje, o país é comandado por um imperador, o que ocorreu mesmo na época dos Shoguns, grandes líderes militares que dominavam partes do território.

O Japão é conhecido por vários elementos culturais. Possui culinária bastante apreciada, e sua produção cultural é conhecida em boa parte do globo. É de lá que vêm os animês, os mangás e os tokusatsu.

Da "terra do sol nascente" vem a fofa Hina Yoshihara. Nascida em Niiza, já aos 7 anos era bastante ativa. Nessa idade, atuava como líder de torcida e apresentou-se pela primeira vez em público. A jovem curte hip hop e dançar músicas de K-pop, pois acredita que se comunicar pela música é algo universal.

CURIOSIDADES

- Fã do grupo de K-pop chamado Twice.

- Em seu canal no YouTube, Hina dá dicas de maquiagem.

- Seu filme preferido é *A Bela e a Fera*.

11 - Qual foi a primeira música do grupo Now United?

√ Summer In The City
√ Who Would Think That Love
√ Legends
√ All Day

11 HEYOON JEONG

Nome completo:
Jeong HeYoon

Data de nascimento:
01/10/1996

Signo: Libra

Representa: Coreia do Sul

COREIA DO SUL

Capital: Seul

Língua oficial: Coreano

Comidas típicas: Kimchi (mistura de acelga, pasta de pimenta e condimentos, como gengibre e alho), Haejang-guk (sopa com carne e vegetais), Bulgogi (carne de boi marinada em gengibre, molho de soja, alho e açúcar) e Hongeo-hoe (peixe fermentado).

A Coreia do Sul encontra-se na Ásia e é um dos dois países que formam a península coreana. Desde o fim da Segunda Guerra Mundial (1945), a península está dividida – e em guerra. O outro país é a Coreia do Norte. Infelizmente, não há entendimento entre os países e suas fronteiras estão fechadas.

A Coreia é banhada pelo oceano Pacífico e é composta de montanhas, apresentando clima temperado. Desde a metade do século XX, o país é uma potência industrial e tecnológica, além de ter bons números em relação à qualidade de vida de sua população.

Kimchi

Assim como o Japão e a China, é um destino turístico interessante, além de possuir culinária bastante apreciada. Recentemente, surgiu na Coreia o K-pop, estilo musical que caiu no gosto de todo mundo e gerou diversos ídolos musicais.

Do berço do K-pop, nasceu Heyoon Jeong, em Daejeon. A sul-coreana sempre quis se dedicar à dança, e deu os primeiros passos quando tinha apenas 3 anos. A garota gostava muito de dançar com as irmãs a canção "Wannabe", das Spice Girls. Heyoon, porém, sofreu tanto com bullying na escola que teve de receber seu ensino em casa.

Foi professora de uma escola de dança muito importante da Coreia do Sul, a 1MILLION Dance Studio, antes de se tornar uma Now United.

CURIOSIDADES

- Usando ideogramas sul-coreanos, seu nome significa sábia (He) e bonita (Yoon).

- É fã da cantora sul-coreana Lim Jeong Hee, K-pop e Ariana Grande.

- Odeia filmes de terror e adora comer feijoada.

12 - Qual foi a outra profissão de Heyoon?

- √ Cozinheira
- √ Locutora
- √ Professora
- √ Aeromoça

12 SINA DEINERT

Nome completo:
Sina Maria Deinert

Data de nascimento:
24/08/1998

Signo: Virgem

Representa: Alemanha

ALEMANHA

Capital: Berlim

Língua oficial: Alemão

Comidas típicas: Bratkartoffeln (batatas cozidas e especiarias), Sauerkraut (repolho), Eisbein (joelho de porco cozido), Wurst (salsicha) e Käsespätzle (massa de farinha de trigo e ovos com molho de queijo).

A Alemanha, um país localizado no centro da Europa, é atualmente o país mais forte e desenvolvido do continente e a quarta maior economia do mundo. Trata-se de uma potência tecnológica e industrial.

O país é formado por planícies na região norte e montanhas ao sul (Alpes).

A história do povo alemão remonta ao período entre 800 e 70 antes de Cristo, época em que tribos germânicas chegaram à região. Ao longo do tempo, transformou-se em reino, em império, e participou de várias guerras, incluindo as duas grandes do início do século XX (perdendo ambas).

Composta de 16 estados, a Alemanha é importante também na cultura, sendo famosa pelo festival de Oktoberfest e pelos pontos turísticos (Catedral de

Eisbein

Da Alemanha, precisamente da cidade de
Karlsruhe, vem Sina Deinert, que sempre so-
nhou em ser uma estrela internacional – e se
preparou para realizar esse objetivo. A jovem
faz balé desde criança e participou de competi-

ções artísticas na escola. Muito próxima dos pais, teve medo em
aceitar entrar no Now United por não se considerar talentosa sufi-
ciente. Hoje, ela não gosta de lembrar que duvidou disso.

Sina foi descoberta por suas apresentações de hip hop no
Instagram, ritmo pelo qual é apaixonada desde que viu uma apresentação em sua cidade natal.

66

CURIOSIDADES

- Antes da fama, morou em Karlsruhe, na Alemanha.

- Curte o trabalho de Pussycat Dolls, Rihanna e Shawn Mendes.

- Gosta de experimentar comidas exóticas.

13 - Em que cidade dos Estados Unidos o clipe de "Crazy Stupid Silly Love" foi gravado?

√ Nova York
√ Boston
√ Las Vegas
√ São Francisco

13 JOALIN LOUKAMAA

Nome completo:
Joalin Viivi Sofia Loukamaa

Data de nascimento:
12/07/2001

Signo: Câncer

Representa: Finlândia

FINLÂNDIA

Capital: Helsinque

Língua oficial: Finlandês e sueco

Comidas típicas: Leipäjuusto (queijo assado acompanhado com frutas vermelhas), Salmão, Tortinhas da Carélia (pastel recheado com arroz ou batata), Pulla (pão), sopa de ervilha, Piparkakku (biscoito de gengibre).

No norte da Europa está a Finlândia, um país que sofre com o frio, mas que possui uma sociedade desenvolvida e bastante próspera. Formada por montanhas e locais onde a luz do sol ilumina poucos meses no ano, possui também florestas de pinheiros e eucaliptos em seu território. O país exporta madeira, mas não deixou o desenvolvimento tecnológico de lado.

A população da Finlândia surgiu há 10 mil anos, com um povo chamado sami, e, ao longo de sua história, foi dominada por países como Rússia e Suécia. Muitas guerras foram

Sopa de Ervilha

travadas com estrangeiros, até que em 1919, após a queda do Império Russo devido à Revolução, o país conseguiu sua independência.

Joalin tem dois países no coração: a Finlândia, onde nasceu, e o México, onde viveu por muito tempo. A jovem nasceu em Helsinque, na Finlândia, mas sua família foi morar no país da América Latina. A mãe pratica danças tradicionais e manteve o hábito inclusive quando estava grávida de Joalin. Já o padrasto é dançarino de break dance. Os dois tinham uma escola de dança no México, onde nossa estrela aprendeu seus primeiros passos.

Infelizmente, seus pais receberam ameaças de cartéis mexicanos e tiveram que voltar para a Finlândia. Joalin se apresenta desde pequena e ama estar no Now United.

CURIOSIDADES

- Se inscreveu como representante do México, mas, ao saberem que ela é finlandesa, os organizadores a selecionaram por seu país.

- Sua comida preferida é frango.

- Fala inglês, espanhol e finlandês.

14 - Joalin já morou em quais países?

✓ Espanha, México e Finlândia
✓ Brasil, Argentina e Finlândia
✓ Finlândia, Estados Unidos e Japão
✓ Marrocos, Finlândia e México

14 JOSH BEAUCHAMP

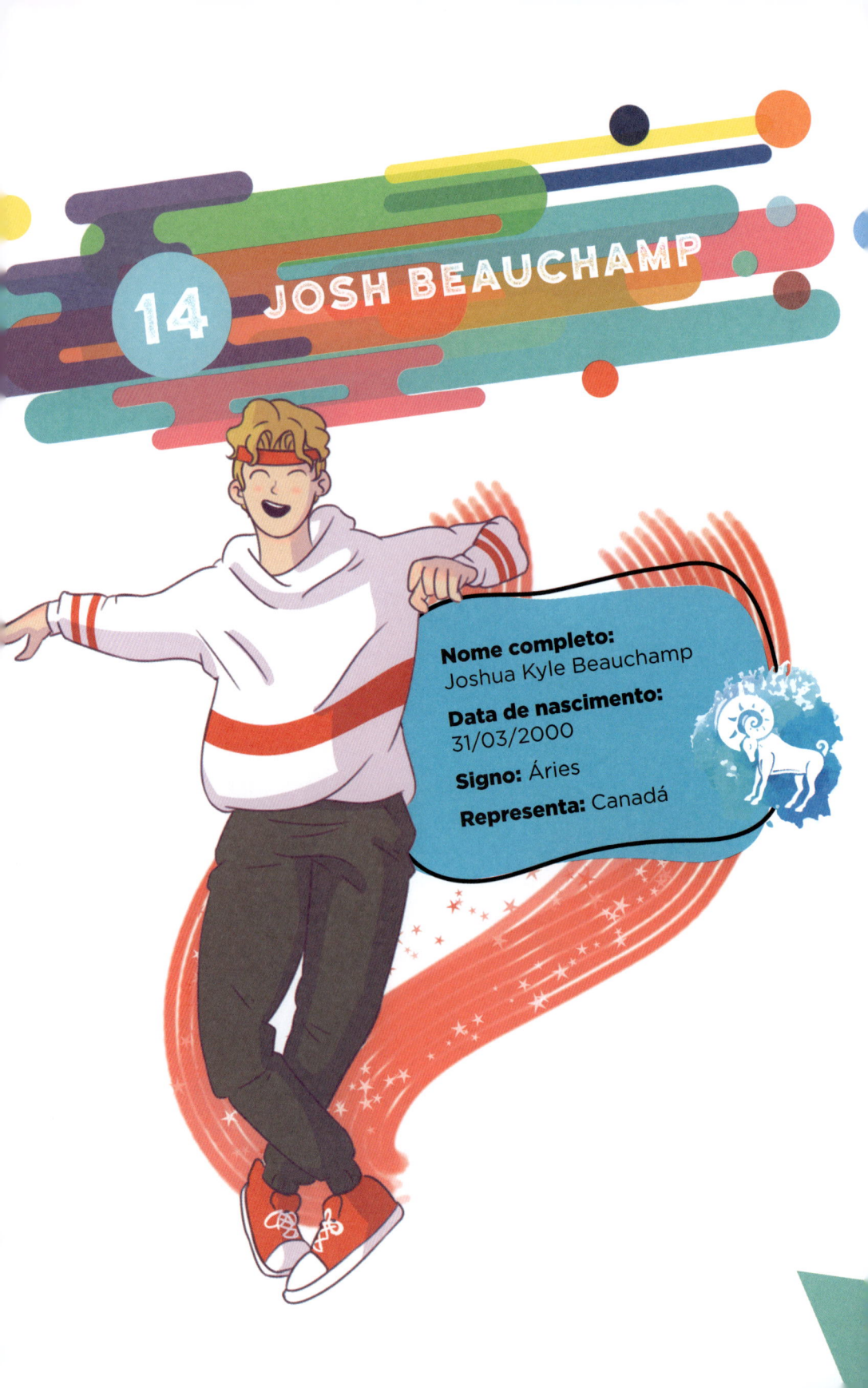

Nome completo:
Joshua Kyle Beauchamp

Data de nascimento:
31/03/2000

Signo: Áries

Representa: Canadá

CANADÁ

Capital: Ottawa

Língua oficial: Inglês e francês

Comidas típicas: Bannock (pão), Peamel Bacon (lombo defumado e enrolado em farinha de milho), Smoked Meat (sanduíche de carne defumada) e Split Pea Soup (sopa de ervilha e carne de porco).

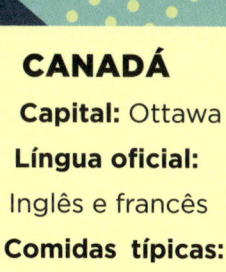

Bannock

Localizado na América do Norte, o Canadá é o segundo maior país do mundo. Com muito frio na parte norte, que é muito próxima do polo norte, possui quatro estações bem definidas, e é composto de montanhas e pradarias, sendo banhado por três oceanos: Atlântico, Ártico e Pacífico.

A população fala inglês e francês, resultado da colonização dos dois países europeus. O povo original é indígena, chamado de inuíte, e vivia da caça e da pesca. O navegador Jacques Cartier foi o responsável pela primeira exploração estrangeira, logo depois da descoberta da América. Com a chegada dos franceses e ingleses, houve disputa entre os novatos na região, chegando, inclusive, a causar guerras locais.

O país é bastante visitado por turistas, que buscam suas cidades e 38 parques nacionais, sendo muito receptivo e multicultural: 1 de cada 5 canadenses não nasceu no Canadá.

Vindo da cidade de St. Albert, Josh era muito tímido quando criança, motivo que levou sua mãe a inscrevê-lo em uma escola de dança. No entanto, em seu país, a dança é mais praticada pelas mulheres, o que o fez sofrer muito bullying de amigos por ter escolhido a dança em vez do hóquei. Com isso, o jovem teve de mudar várias vezes de escola.

Josh, porém, desenvolveu seu talento e se tornou cada vez melhor. Antes do Now United, ele fez parte de um grupo chamado immaBEAST e foi vencedor do evento K-Days Talent Search. Tudo isso preparou o canadense para ser uma estrela mundial.

CURIOSIDADES

- Michael Jackson é seu maior ídolo.
- Inscreveu-se pelos Estados Unidos, mas foi escolhido como representante do Canadá.
- Participou do videoclipe de "That's What Love Is" de Justin Bieber.

15 - A princípio, Simon imaginou o Now United com quantos componentes?

- √ 20
- √ 05
- √ 11
- √ 15

15 SAVANNAH CLARKE

Nome completo:
Savannah Clarke

Data de nascimento:
09/07/2003

Signo: Câncer

Representa: Austrália

AUSTRÁLIA

Capital: Camberra

Língua oficial: Inglês

Comidas típicas: Costelinha com molho barbecue, Damper (pão), Vegemite (pasta feita de levedo de cerveja), Brownie, Pavlova (torta de merengue com suspiros e frutas).

Localizada na Oceania, a Austrália é um país de clima quente na maior parte do ano, e composta de desertos, florestas tropicais e montanhas.

O país possui alta qualidade de vida, exceto por seu povo aborígene original, que chegou ao país há 70 mil anos, mas, ao longo da História, foi explorado pelos colonizadores ingleses. Esse povo viveu em certa harmonia até a chegada do navegador holandês Willem Janszoon, em 1606. No entanto, foi a partir de 1770 que começou a colonização inglesa, e a independência ocorreu apenas em 1901.

Possui economia bastante desenvolvida, tanto industrial como comercial, e é grande exportador de diversos minérios, como ferro, ouro, bauxita (alumínio) e chumbo.

Pavlova

Savannah veio da cidade de New South Wales, na Austrália. Para perder a timidez e ganhar confiança, a mãe matriculou a garota em uma escola de dança. E isso deu supercerto!

Ela já fez comerciais na TV, trabalhos como modelo, e também participou de uma versão do musical *A Noviça Rebelde* e de um curta-metragem chamado *The Light Beyond The Trees*.

CURIOSIDADES

- Pratica esqui e natação.
- Não gosta de comida apimentada.
- Sua artista preferida é a cantora norte-americana Carole King.

16 - A "Dreams Come True" esteve no Brasil. Por quais cidades o grupo passou?

√ Manaus, Natal, Rio de Janeiro e Porto Alegre

√ São Paulo, Rio de Janeiro, Curitiba e Belo Horizonte

√ Florianópolis, Rio de Janeiro, Salvador e Manaus

√ Belo Horizonte, Brasília, Rio de Janeiro e Porto Alegre

NOUR ARDAKANI

16

Nome completo:
Nour Ardakani

Data de nascimento:
30/11/2001

Signo: Sagitário

Representa: Líbano

LÍBANO

Capital: Beirute

Língua oficial: Árabe

Comidas típicas: Tabule (salada com triguilho, tomate, cebola, salsa e hortelã), Arayess Kafta (torta de carne), Falafel (bolinho frito de grão-de-bico e condimentos), Fattouche (salada de rabanete, tomate e pão cortado em cubos) e Labanee (queijo feito a partir de um iogurte).

Localizado no Oriente Médio, o Líbano está em um território onde no passado viveu a civilização Fenícia. Ao longo de sua história, o país já foi dominado por estrangeiros como gregos, romanos e bizantinos. Além disso, fez parte do Império Bizantino e, após a Primeira Guerra Mundial, foi dominado pela França até 1943, quando conseguiu sua independência.

Banhado pelo Mar Mediterrâneo, possui vastas planícies e algumas montanhas que fazem fronteira com a Síria. O clima é marcado por verões quentes e secos, e os invernos são chuvosos. É o país

Tabule

que mais recebe chuvas na região, o que possibilita a existência de algumas florestas. Agricultura e turismo são seus pontos econômicos mais fortes.

A mais nova integrante do Now United nasceu em Beirute e cresceu na capital libanesa com sua família, formada por seus pais e dois irmãos. Desde cedo, mostrou amor pelas artes: começou a cantar aos 5 anos e dança desde os 10 anos. Pensa que parou por aí? Nour já compôs até as próprias músicas.

A jovem faz parte de várias ações humanitárias, incluindo a ajuda às vítimas da explosão ocorrida em um porto de Beirute. Outro desafio que a garota encarou foi para entrar no Now United, já que disputou com outros 13 candidatos durante a seleção.

CURIOSIDADES

- Em suas redes sociais, postou alguns covers que fez de seus artistas favoritos, como Lady Gaga, Billie Eilish, Post Malone e Khalid.

- Já fez parte de uma banda musical, o Front Row, junto com amigos.

17 - Qual conjunto de instrumentos a Nour sabe tocar?

√ Bateria e guitarra
√ Violão e violino
√ Ukulele e teclado
√ Piano e flauta

DEIXE A MÚSICA
TE MOVER
(canções)

O **que move o Now United** além do amor dos fãs? As mensagens que eles transmitem por meio das canções, que possuem a essência dos seus integrantes. Amor, esperança, amizade e mundo são alguns dos temas dessas lindas composições. É possível ouvir mil vezes cada uma das músicas e sentir a energia de amor e alegria se renovar a cada vez que apertamos o play.

A primeira música lançada pelo grupo foi "Summer In The City" em dezembro de 2017. O videoclipe oficial foi gravado em nada menos do que 14 países diferentes e mostrou para o mundo que os novos talentos vieram realmente para brilhar. Uma das mensagens principais do Now United é a representatividade, a união dos povos. E essa música passa exatamente essa atmosfera.

"Who Would Think That Love?" é um dos videoclipes de maior sucesso do grupo, com mais de 125 milhões de visualizações no YouTube. Isso hoje, em novembro de 2020. A tendência é aumentar ainda mais!!! A energia da zumba é contagiante e a língua azul da Sabina uma das curiosidades mais comentadas.

"All Day" foi gravado em Seal Beach, na Califórnia, e tem aquela atmosfera de festa, praia e sol que todos amam. "Paraná" e "Na Na Na" tiveram seus videoclipes gravados no Brasil. Em São Paulo e no Rio de Janeiro, respectivamente. "Paraná" contou com a participação de fãs brasileiros e tem uma atmosfera disco contagiante. Explorando a beleza exuberante da Cidade Maravilhosa e o Theatro Histórico Municipal do Rio de Janeiro, "Na Na Na" é uma verdadeira obra de arte em forma de clipe.

"Come Together" marca a estreia de Savannah Clarke como 15ª integrante do grupo e teve seu videoclipe gravado em Coyote Dry Lake, Califórnia. "Dana Dana" é um dos videoclipes mais criativos do grupo e nos lembra que nossas atitudes ecoam nos quatro cantos do mundo já que todos compartilhamos o mesmo céu.

Nour Ardakani, 16ª integrante do Now United, tem origem libanesa e estreia com protagonismo em "Habibi". Habibi, aliás, é uma palavra em árabe que significa "amado" ou "querido". Muitos casais usam como apelido carinhoso. No Oriente Médio e na África, a palavra também é usada como sobrenome ou nome próprio do sexo masculino.

O videoclipe de "One Love" foi gravado em Dubai e estreou em 6 de novembro de 2020. Sete horas após o seu lançamento, alcançou a marca de 1 milhão de visualizações. Doze horas depois já eram mais de 2 milhões. Vinte e quatro horas depois eles já tinham batido mais de 3,7 milhões. Menos de quarenta e oito horas depois já eram mais de 7 milhões e, obviamente, o sucesso só cresce. Destaque para o talento e as famosas high notes da Any e também para os takes com fotos e vídeos dos integrantes pequenininhos. Coisa mais fofa!!!

O Theatro Municipal do Rio de Janeiro é um dos mais importantes patrimônios históricos nacionais. Ele foi inaugurado em 14 de julho de 1909 com apresentação do Hino Nacional, discurso do poeta Olavo Bilac, concerto com o poema sinfônico "Insônia", de Francisco Braga, e a ópera "Condor", de Carlos Gomes. A Companhia Arthur Azevedo encenou a peça "Bonança", de Coelho Netto, e ainda teve a apresentação da ópera "Moema", de Delgado de Carvalho. Os Corpos Artísticos até hoje se empenham em apresentar ao público espetáculos de qualidade internacional, emocionando gerações.

© Roberto Tietzmann

VOCÊ ME
DÁ ALGO
(premiações)

Com tantos talentos reunidos em um só lugar, o Now United faz muito sucesso também nas premiações. Veja quais foram os eventos em que o conjunto foi indicado para algum prêmio e em quais deles foi o grande vencedor.

2018 **BreakTudo Awards**
Videoclipe de estreia ("Summer In The City") – Indicado

2019 **Meus Prêmios Nick**
Artista Internacional Favorito – Indicado
Fandom do Ano (Uniters) – Vencedor

Prêmio Jovem Brasileiro
Novato do Ano no K-pop – Vencedor

Prêmio Contigo! Online
Revelação Musical do Ano – Vencedor

BreakTudo Awards
Revelação Internacional – Vencedor

2020 ### Kids' Choice Awards
Fandom Brasileiro (Uniters) – Vencedor

Tudo Information Awards
Grupo do Ano – Indicado
Revelação – Vencedor

Prêmio Jovem Brasileiro
Clipe Bombástico ("Come Together") – Indicado

MTV Video Music Awards
Melhor Grupo – Vencedor

Kids' Choice Awards México
Hit Mundial ("Come Together") – Indicado

Meus Prêmios Nick
Artista Internacional Favorito – Vencedor
Fandom do Ano (Uniters) – Vencedor
Hit Internacional ("Come Together") – Vencedor
Vencedores Épicos do KCA – Vencedor

BreakTudo Awards
Grupo Internacional – Indicado
Fandom Internacional – Indicado

TODO DIA
(redes sociais)

Com as redes sociais, os artistas se aproximaram dos fãs de uma forma jamais vista. Ali eles compartilham seu cotidiano, hobbies, gostos e atividades, enquanto interagem e ouvem o que os fãs têm a dizer.

Os integrantes do Now United são bastante ativos nas redes sociais e mais do que antenados no que os fãs curtem. Veja como se conectar com o grupo por diferentes redes e como acompanhar a galera do Now United em sua rede social favorita, o Instagram.

Site oficial
www.nowunited.com

Instagram
@nowunited

Facebook
facebook.com/NowUnited

Twitter
@nowunitedmusic

YouTube
www.bit.ly/NowUnitedYT

TikTok
@nowunited

Instagram dos membros

Diarra: @diarrasyllalofficiel	**Lamar:** @lamar_hype
Sabina: @sabinahidalgo	**Shivani:** @shivaniipaliwal
Sofya: @sofyaplotnikova	**Any:** @anygabriellyofficial
Noah: @noahurrea	**Krystian:** @krystianwang
Bailey: @baileymay	**Hina:** @hina_yshr
Heyoon: @heyoon_jeong	**Sina:** @sinadeinert
Joalin: @_joalin	**Josh:** @joshbeauchamp
Savannah: @savannah.clarke	**Nour:** @noursmusicdiary

Respostas do Quiz:

01 - Heyoon (Fonte: Documentário *Now United: Sonhos se tornam realidade*)
02 - Simon Fuller
03 - Savannah
04 - "Na Na Na"
05 - Heyoon
06 - Badminton e vôlei
07 - Josh e Noah
08 - "Afraid Of Letting Go"
09 - "Bellyache"
10 - Shillong
11 - "Summer In The City"
12 - Professora
13 - Las Vegas
14 - Espanha, México e Finlândia
15 - 11
16 - São Paulo, Rio de Janeiro, Curitiba e Belo Horizonte
17 - Ukulele e teclado

BOOK ONE